JESÚS ENTRE OTROS DIOSES

STEVEN R. MARTINS

JESÚS ENTRE OTROS DIOSES

STEVEN R. MARTINS

cántaro
publications

UNA IMPRENTA EDITORIAL DEL CÁNTARO INSTITUTE

cántaro
publications

cantaroinstitute.org

Jesús entre otros dioses

Published by Cántaro Publications, a publishing imprint of the Cántaro Institute,
Jordan Station, Ontario, Canada

Illustrations sourced from Pixabay.com

For volume pricing, please contact
info@cantaroinstitute.org

Library & Archives Canada

ISBN: 978-1-990771-02-6

Printed in the United States of America

TABLA DE CONTENIDO

"…sin embargo, para nosotros hay un solo Dios, el Padre, de quien proceden todas las cosas y nosotros somos para El; y un Señor, Jesucristo, por quien son todas las cosas y por medio del cual existimos nosotros."

– 1 Corintios 8:6

CAPÍTULO

1

INTRODUCCIÓN

NO PUEDO RELATAR cuántas veces ha sido ahora que se me ha pedido que hable sobre "Jesús entre otros dioses". Ya sea en América del Norte, en el Caribe o en algún lugar de Iberoamérica, ha seguido siendo un tema popular. Me imagino que tiene mucho que ver con el predominio del pluralismo religioso en el Occidente, y todo tipo de preguntas que plantea, tales como:

- ¿Cómo entendemos las afirmaciones de Jesús en comparación con las afirmaciones de otras figuras religiosas?
- ¿Cómo debemos considerar la relación del cristianismo con la cultura dada la presencia de otras religiones en la sociedad?
- Y, ¿debería considerarse una síntesis para la preservación de la religión humana?

Estas han sido preguntas a las que he estado continuamente expuesto, y ningún otro tema ha generado tal vez tanta controversia como la exclusividad de la fe cristiana. Qué tiempo en que estamos viviendo, es una comparación de día y noche con los días del pasado lejano. La estructura social y la dirección del Occidente eran, hace algunos siglos, predominantemente cristianas. Pero cuando el mundo occidental centró su atención en las influencias del Romanticismo y la Ilustración – la primera concerniente con la absolutización del "sentimiento" humano y el individuo, y la segunda con la absolutización de la "razón" del hombre – el Dios cristiano fue considerado por el espíritu de cambio como un enemigo del verdadero progreso y realización. El hombre iba a ser la medida de todas las cosas, y el Dios de la cosmovisión religiosa cristiana se interpuso en su camino. El ateo francés Voltaire (1694-1778), por ejemplo, creía que el primer paso hacia el progreso humano implicaba expulsar totalmente la autoridad bíblica y la religión cristiana.[1]

Pero el racionalismo y la secularización de la vida humana que siguió el siglo XVIII dejaron a la humanidad – no sin una religión, porque simplemente había adoptado la religión del humanismo – pero sin una

---

1. Ver Voltaire, *Oeuvres Complètes de Voltaire, Volume 7*, ed. Georges Avenel (Paris: Aux Bureaux du Siècle, 1869).

espiritualidad. Y por esta razón, antes de la Primera Guerra Mundial, había un hambre y un renovado interés en una especie de espiritualidad para el Occidente, que finalmente culminó en el primer Parlamento de Religiones del Mundo de 1893. Esta reunión se propuso primeramente para ser la búsqueda del hombre para la verdad, donde el ba'hai, el hindú, el sij, el cristiano y el musulmán llegarían a algún acuerdo sobre la espiritualidad común después de largas discusiones entre ellos, pero esto era simplemente el amanecer de la pluralismo religioso del Occidente – el comienzo de los "Todos los caminos religiosos conducen a Roma".

Charles C. Bonney, portavoz del Parlamento Mundial de Religiones, abrió la primera asamblea histórica diciendo:

> Este día el sol de una nueva era de paz y progreso religioso se eleva sobre el mundo, disipando las oscuras nubes de las luchas sectarias. Este día florece una nueva flor en los jardines de pens-

amiento religioso, llenando el aire con su exquisito perfume. Este día nace una nueva fraternidad en el mundo del progreso humano, para ayudar en la edificación del reino de Dios en los corazones de los hombres. Era y flor y fraternidad llevan un nombre. Es un nombre que alegrará los corazones de aquellos que adoran a Dios y aman al hombre en cada clima. Aquellos que escuchan su música alegremente hacen su eco al sol y la flor. Es la Hermandad de Religiones.[2]

La Gran Guerra, sin embargo, trajo una pausa momentánea al Parlamento Mundial de Religiones. Mientras sus participantes buscaban la paz por medio de la religión común, el mundo fue arrojado al caos violento. Pero para su primera reunión, ha demostrado

---

2. Charles Carroll Bonney, "Words of Welcome", in *The Dawn of Religious Pluralism: Voices from the World's Parliament of Religions*, 1893, ed. Richard Hughes Seager (La Salle, IL.: Open Court Publishing Company, 1993), 21-22.

ser suficiente para influir culturalmente la dirección del Occidente hacia un estado de ánimo en el que las religiones sean consideradas iguales, y en la actualidad, donde las religiones también podrían contribuir al desarrollo de la sociedad. Como escribe el erudito de filosofía Lenn E. Goodman en su libro *Religious Pluralism and Values in the Public Sphere:*

> [La] tesis pluralista dice: Hay espacio en una sociedad para valores, prácticas y creencias divergentes, incluso en muchas áreas centrales de preocupación humana.[3]

Desde la salida de un orden social cristiano, el Occidente ha pasado de rechazar la verdad cristiana a sintetizarla con otras religiones diversas, adoptando la tesis pluralista. El Cristo de los Cristianos ha sido amontonado con Mahoma, Krishna y Buda, y la Biblia con otros libros religiosos también. Sin embargo,

---

3. Lenn E. Goodman, *Religious Pluralism and Values in the Public Sphere* (New York, NY.: Cambridge University Press, 2014), 2.

la veracidad de una declaración o de una religión no se basa en lo que la mayoría cree. La verdad nunca es determinada por la mayoría. Si procuramos conocer la verdad acerca de Jesucristo, y no lo que el Occidente pluralista le ha retratado a ser, debemos volvernos a sus propias palabras y a sus propias obras. Y descubriremos que tanto su ser como sus palabras establecen los parámetros por los cuales podríamos entender el mundo, dotándonos de una verdadera filosofía de vida, consistiendo de una correcta percepción de la realidad, la moralidad y el conocimiento.

CAPÍTULO

2

LA PERSONA DE JESÚS

LOS ESCRITORES DEL EVANGELIO del siglo I, Mateo, Marcos, Lucas y Juan, registraron la enseñanza y los acontecimientos de la vida de Jesús. En algunos de sus casos, fueron testigos oculares, en otros casos, entrevistaron a varios otros testigos oculares. En conjunto, los evangelios forman un relato histórico unificado de Jesús que ha sido verificado una y otra vez por evidencia extrabíblica.

Aunque es posible que las palabras exactas de lo que fue dicho en muchos de estos acontecimientos no se hayan escrito, el mismo mensaje se registró fielmente y se encuentra en armonía en los cuatro evangelios. Cuando un escritor, por ejemplo, prefiere utilizar el término "Reino de Dios" en su escritura, el otro utiliza el término "Reino de los cielos". Sin embargo, significan lo mismo. Y cuando un escritor decide centrarse principalmente en la persecución de Jesús por los dos ladrones crucificados en la cruz, otro escritor decide centrarse en el arrepentimiento posterior de uno de los ladrones. Lo que tenemos en los evangelios es un hermoso mosaico de diferentes estilos de escritura, eventos y enseñanzas destacadas, todos comunicando una sola narrativa de la vida y el ministerio de Jesús.

Un estudio crítico de estos evangelios nos proporcionaría todo lo que necesitamos para aprender acerca de la verdadera persona de Jesús y quién dijo ser. Sin embargo, teniendo en cuenta el tiempo disponible, un resumen sería lo más suficiente. En su libro *Putting Jesus in His Place,* los eruditos del Nuevo Testamento Robert Bowman Jr. y Ed Komoszewski describen que hay cinco rasgos principales de la vida de Jesús que afirman su afirmación de ser el Hijo de Dios.[4]

El *primer* rasgo es que Jesús comparte "los honores debidos a Dios". En el evangelio de Mateo, por ejemplo, Jesús cita Deuteronomio 6:13 cuando fue tentado en el desierto: "al SEÑOR tu Dios adoraras, y solo a él servirás" (Matt. 4:10). Pero a lo largo de ese Evangelio, leemos que Jesús es el objeto de adoración (2:2, 11;

---

4. Robert Bowman Jr. and Ed Komoszewski, *Putting Jesus In His Place: The Case for the Deity of Christ* (Grand Rapids, MI: Kregel Publications, 2007), 23.

8:2; 9:18; 14:33; 15:25; 20:20; 28:9, 17).[5] Cuando Jesús caminó sobre el agua, calmó el mar y salvó a Pedro (su discípulo) de ahogarse, Mateo escribe "Entonces los que estaban en la barca le adoraron, diciendo: En verdad eres Hijo de Dios" (14:33). Y cuando Jesús preguntó a los discípulos quién creían que era, Simón Pedro confesó "Tú eres el Cristo, el Hijo del Dios viviente" (16:16). Y después de la resurrección corporal del Cristo, los discípulos se reunieron en un monte en Galilea y "Cuando le vieron, le adoraron" (28:17). Estos son algunos ejemplos con respecto a cómo Jesús compartió los honores debidos a Dios.

El *segundo* rasgo es que Jesús comparta "los atributos de Dios". Jesús no sólo es adorado por igual como Dios, sino que también lleva la naturaleza de Dios.[6] Cuando Jesús habló con sus discípulos en Juan 14:9-10a, dijo:

¿Tanto tiempo he estado con vosotros, y todavía no me conoces, Felipe? El que me ha visto a mí, ha

---

5. Ibíd., 38.
6. Ibíd., 78.

visto al Padre; ¿cómo dices tú: 'Muéstranos al Padre'? ¿No crees que yo estoy en el Padre, y el Padre en mí?

Lo que Jesús estaba enseñando a sus discípulos era que él es la revelación perfecta del Padre, y después de haber visto a Jesús, los discípulos habían visto al Padre, quien es Dios.

En otra conversación, Jesús instruyó a sus discípulos que Él existía mucho antes de nacer en carne humana. Como leemos en Juan 16:28: "Salí del Padre y he venido al mundo; de nuevo, dejo el mundo y voy al Padre".

Al identificar a Jesús como el *Logos* (en griego para 'Verbo'), Juan 1:1 afirma que Jesús ha sido desde el principio, tal como lo afirma Génesis 1:1, que el *Logos* estaba con Dios, y el *Logos* era Dios. Como escribe el comentarista Donald McLeod, "el Hijo es el *Logos* y el *Logos* no tiene origen".[7]

También vemos que, al poder convertir piedras en pan (Mat. 4:3-4), y multiplicar cinco panes para

7. Donald MacLeod, *The Person of Christ: Contours of Christian Theology* (Downers Grove, IL.: InterVarsity Press, 1998), 73.

alimentar a cinco mil hombres y sus familias (Jn. 6:1-14), Jesús exhibe la omnipotencia de Dios. Y al percibir los pensamientos profundos de los fariseos cuando había sanado a un paralítico, Jesús también exhibe la omnisciencia de Dios. Como dice Marcos 2:8-9:

> Y al instante Jesús, conociendo en su espíritu que pensaban de esa manera dentro de sí mismos, les dijo: ¿Por qué pensáis estas cosas en vuestros corazones? ¿Qué es más fácil, decir al paralítico: Tus pecados te son perdonados, o decirle: Levántate, toma tu camilla y anda?

El hecho de que pudiera perdonar al paralítico sus pecados exhibió la autoridad de Jesús como la de Dios, ya que no sólo podía sanar la parálisis del hombre, sino perdonar sus pecados como el legislador cuya ley había sido violada. En todos estos ejemplos, vemos cómo Jesús había compartido los atributos de Dios.

El *tercer* rasgo es que Jesús comparte los mismos "nombres de Dios". Cuando el discípulo Tomás había visto y tocado al Cristo resucitado, Juan 20:28 registra que exclamó "¡Señor mío y Dios mío!" Esto no fue una expresión de asombro, pero como han afirmado gramáticos y lexicógrafos, esto fue una adoración directa a Jesús.[8]

Jesús también se llama 'Immanuel', en cumplimiento de la profecía mesiánica en Isaías 7:14, que significa "Dios con nosotros". Jesús es el Hijo de Dios encarnado, habiendo entrado en el tiempo de la eternidad y manteniendo toda su deidad mientras caminaba por la tierra como completamente humano.

Incluso podemos considerar el ministerio de Juan el Bautista "preparando el camino para el Señor Jesús", que había sido predicho en Isaías 40:3:

> Una voz clama: Preparad en el desierto camino al Señor; allanad en la soledad calzada para nuestro Dios.

En ninguna de estas circunstancias Jesús corrigió a sus seguidores y oyentes, de hecho, llegó a afirmarse

---

8. Murray J. Harris, *Jesus as God: The New Testament Use of Theos in Reference to Jesus* (Eugene, OR.: Wipf & Stock Publishers), 110.

a ser el gran "YO SOY" como se registra en Juan 8:24, 28 y v. 58. Estas eran referencias directas a Éxodo 3:14, donde Dios le había dicho a Moisés que él es el "YO SOY EL QUE SOY". Estos son sólo algunos de varios ejemplos con respecto a cómo Jesús compartió los nombres de Dios.

El *cuarto* rasgo es que Jesús comparte las "obras que Dios hace". Al leer en Juan 1:1, Jesús estaba en el principio con Dios, y todas las cosas se hicieron por medio de Él. Esto significaba que Jesús estaba activo en la creación del cosmos, una actividad que sólo era atribuible a Dios. Y en sus actos de milagros y sanación, resucitando a los muertos, calmando las tormentas, y mucho más, lo que diferenciaba a Jesús de sus discípulos y de los profetas del Antiguo Testamento fue que, donde sus seguidores y los que vinieron antes de él tenían que apelar a Dios por lo milagroso, Jesús fue la autoridad misma.[9]

Y dado que sólo Dios puede proporcionar sal-

---

9. R. France, *The Gospel of Mark: A Commentary on the Greek Text, NIGTC* (Grand Rapids, MI.: Wm.B. Eerdman's Publishing, 2002), 370.

vación, en Juan 14:6, Jesús dice "Yo soy el camino, y la verdad, y la vida; nadie viene al Padre sino por mí". En el libro de Hechos, leemos que la comunidad cristiana temprana se refería a la fe cristiana como parte del "Camino" (9:2; 19:9, 23; 22:4; 24:14, 22; cf. Hech. 16:17; 18:25-26), en la que se entendía que Jesús es el único camino de salvación.[10] Pero para aquellos que están familiarizados con el texto del Antiguo Testamento, Dios no comparte su gloria con nadie. En esto vemos cómo Jesús comparte las obras que Dios hace, y Dios lo quiere así. Dios no está celoso cuando su Hijo dice ser igual a Dios tanto en el ser como en las obras, en cambio, está encantado.

Y finalmente, el *quinto* rasgo es Jesús compartiendo en el "asiento del trono de

Dios". En el evangelio de Marcos, cuando Jesús es puesto en juicio por el Sanedrín judío, el Sumo Sacerdote Caifás le preguntó a Jesús "¿Eres tú el Cristo, el Hijo del Bendito?" (Marc. 14:61b). Jesús respondió "Yo soy; y veréis al Hijo del Hombre sentado a la di-

---

10. Bowman Jr. and Komoszewski, *Putting Jesus In His Place,* 208.

estra del Poder y viniendo con las nubes del cielo", lo que llevó al Sumo Sacerdote a rasgarse la ropa y acusarlo de blasfemia (vv. 63-64).

Aquí se pueden hacer dos puntos, en primer lugar, el título "Hijo del Hombre" es referencia a la profecía mesiánica en Daniel 7:13, de "con las nubes del cielo venía uno como un Hijo de Hombre". En segundo lugar, el erudito Darrel L. Bock afirma que "la imagen de venir con las nubes está reservada para Dios... fuera de este texto en Daniel (Ex. 14:20; 34:5; Núm. 10:34; Sal. 104:3; Isa. 19:1)... la imagen muestra cuán íntimamente la función del Hijo del Hombre está ligada a la autoridad divina a pesar de que la descripción es de un ser humano".[11] También leemos en Hebreos 12:2 que Jesús "soportó la cruz, menospreciando la vergüenza, y se ha sentado a la diestra del trono de Dios".

Y así encontramos en la palabra revelada de Dios que Jesús comparte (1) los honores debidos a Dios,

---

11. Darrell L. Bock, *Jesus According to Scripture: Restoring the Portrait from the Gospels* (Grand Rapids, MI.: Baker Publishing Group, 1990), 345-346.

(2) los atributos de Dios, (3) los nombres de Dios, (4) las obras de Dios, y (5) el asiento del trono de Dios.

3

LA TRIPLE AFIRMACIÓN
DE CRISTO

A LA LUZ DE ESTOS cinco rasgos, la declaración más definitiva de Cristo, que resume quién es él y qué significa él para el mundo, se encuentra en Juan 14:6, donde dice: "Yo soy el camino, y la verdad, y la vida; nadie viene al Padre sino por mí". Y esta no es una declaración ordinaria, porque ninguna otra figura religiosa en todo el mundo ha afirmado ser: (1) el camino exclusivo de la salvación (y a Dios); (2) el estándar de la verdad; y (3) la fuente de toda vida. Puedes encontrar una o dos quien afirman una de estas tres cosas, pero nadie ha hecho esta triple afirmación sobre sí mismo. La fe cristiana gira en torno a la misma persona de Cristo porque es quien dice ser, el Salvador, el Hijo de Dios y el Señor sobre toda la creación.

Sin embargo, al afirmar ser el camino de la salvación, debemos hacer la pregunta "¿Salvación de qué?" Y al afirmar ser la verdad, debemos preguntar "¿Cuál es la verdad?" Y al afirmar ser el camino, también debemos preguntar "¿Qué hace a Cristo el único camino a Dios?"

Para responder a estas preguntas, necesitamos una

comprensión básica de la cosmovisión bíblica, de lo contrario no podremos entender las palabras de Cristo como se refería a ellas. Cristo, después de todo, también fue un rabino (maestro de la Torá), y defendió el Antiguo Testamento como histórico y divinamente inspirado, operando dentro de los parámetros de su propia cosmovisión. Para aquellos que no están familiarizados con el término, una cosmovisión se puede definir como:

> Una red de presuposiciones (que no son verificadas por los procedimientos de la ciencia natural) con respecto a la realidad (metafísica), el conocimiento (epistemología) y la conducta (ética) en términos de los cuales cada elemento de la experiencia humana está relacionado e interpretado.[12]

Todo el mundo tiene una cosmovisión, un conjunto de presuposiciones (o lo que usted cree que es

---

12. Gary DeMar, ed., *Pushing the Antithesis: The Apologetic Methodology of Greg L. Bahnsen* (Powder Springs, GA.: American Vision Press, 2010), 42-43.

verdad) por la cual interpretamos la experiencia humana. La cosmovisión bíblica es lo que la Biblia enseña a ser verdad.

Según la Biblia, la humanidad fue creada en el *imago Dei* (la imagen de Dios), y llevando la imagen de Dios, el hombre recibió autoridad para gobernar la tierra sujeta al justo gobierno de Dios. Los históricos Adán y Eva son los primeros padres de la humanidad, y sabían desde el principio que Dios era el Creador, y que ellos eran parte de la creación. Hubo una clara distinción entre el Creador y la creación, y esta distinción se mantiene a través de la Escritura (podríamos llamar a este Dos-ismo). Decir que el hombre fue creado en el *imago Dei* significaba que se parecía a Dios tanto como una criatura podría, pero no compartió de ninguna manera la misma esencia que el Creador.

Ahora, Adán y Eva recibieron la orden de que, aunque pudieran comer el fruto de cualquier árbol en la creación de Dios, no podían comer el fruto de un árbol en particular (el árbol del conocimiento), y esto no fue porque el árbol en sí fuera místico o especial.

Era un árbol como cualquier otro árbol. ¿Por qué era tan natural este árbol como el resto? Porque, al obedecer el mandato de Dios hacia este árbol prohibido, entonces sabrían cómo ser obedientes en sus interacciones con los otros aspectos de la creación de Dios. El verdadero acto de desobediencia no estaba, sin embargo, en el consumo de su fruto, sino en la decisión de nuestros primeros padres de desechar la ley moral de Dios para que pudieran determinar por sí mismos lo que era bien y lo que era mal. La caída de Adán y Eva, por lo tanto, está arraigada en su búsqueda de la independencia completa de Dios, y esto significaba independencia existencial, epistemológica y moral — ser como Dios de una manera que no era apropiada para una criatura—.

Esta desobediencia es lo que la Biblia llama "pecado", y este acto de pecado ha asolado la totalidad del ser del hombre. Como dice el teólogo Geerhardus Vos, el pecado ha causado un "cambio radical" en el hombre, porque como ha caído de lo que fue originalmente inclinado a ser, ha sido desviado de su verdadera naturaleza y destino, lo que lo lleva hacia la desorganización y la muerte espiritual. En sus propias palabras, el "proceso de disolución".[13] Esto significa que, al alejarse de la justicia original, lo que toma su lugar como el estado "natural" del hombre es la injusticia, y esto viene con su maldición a la que también ha sido sometida la tierra misma.

La condición caída del hombre, sin embargo, no es el juicio completo de Dios. No, es sólo parcial. Hay un juicio para todos aquellos que han pecado contra Dios, por haber quebrado su Torá que fue dada a Moisés, y que se revela a través de su creación (lo que algunos teólogos llaman la "ley creacional"). La naturaleza justa de Dios requiere que se pague la pena por quebrar la ley, y la pena es la muerte (Gén. 2:17; Rom. 6:23). La venida de Cristo, por lo tanto, no es sólo para enseñarnos de la verdadera justicia y la voluntad de Dios, sino para redimir y justificar al hombre

---

13. Geerhardus Vos, *Reformed Dogmatics, Vol. Two: Anthropology*, ed. Richard B. Gaffin, Jr., trans. Richard B. Gaffin, Jr. et al. (Grand Rapids, MI.: Lexham Press, 2012), 14.

de acuerdo con la ley, para que no sufra la ira de Dios en el día del juicio. Es por eso que Cristo intervino de la eternidad y tomó carne humana, para que pudiera tener éxito donde hemos fracasado, para que pudiera cumplir la ley cuando no pudiéramos, para que por la crucifixión, la ira de Dios reservada para los pecadores sea puesta sobre el hombre perfecto e intachable. Es la única persona en toda la historia humana que no tiene imperfecciones, que no ha cometido un pecado y que vivió una vida perfectamente santa en la tierra. Como escribió el patrístico Atanasio:

> [Cristo] tomo para sí mismo un cuerpo, un cuerpo humano tal como el nuestro. Tampoco quería ser incorporado o simplemente aparecerse; si eso hubiera sido así, podría haber revelado Su majestad divina de alguna otra manera. No, tomo nuestro cuerpo... El, el Poderoso, el [Creador] de todos, preparó este cuerpo en la virgen como templo para Sí mismo, y lo tomó

como el suyo mismo, como el instrumento a través del cual era conocido y en el que habitaba. Así, tomando un cuerpo como el nuestro, porque todos nuestros cuerpos eran susceptibles a la corrupción de la muerte, entregó Su cuerpo a la muerte en lugar de todos, y se lo ofreció al Padre. Esto lo hizo por amor por nosotros.[14]

Por lo tanto, Cristo ofrece la salvación a todos aquellos que se arrepientan de su pecado y se sometan a su Señorío, para que por su salvación el hombre no sólo pueda obtener la posición correcta con Dios de nuevo, sino para que pueda recuperar su verdadero propósito, que es, como profeta de Dios, interpretar correctamente la realidad creada detrás de Dios; como sacerdote de Dios, dedicar la creación y lo que se cultiva (es decir, la cultura) a Dios; y como rey de Dios,

---

14. Citado en *St. Athanasius on the Incarnation: The Treatise "De Incarnatione Verbi Dei"*, trans. y ed. A Religious of CSMV (Crestwood, NY.: St. Vladimir's Seminary Press, 1953 [orig. 1944]), 33-34.

gobernar la creación sujeta a la palabra-ley de Dios.

Sin embargo, queda la cuestión de la verdad. ¿Qué quiso decir Cristo con "verdad"? Cuando fue interrogado por Poncio Pilato, Jesús dijo "Para esto yo he nacido y para esto he venido al mundo, para dar testimonio de la verdad. Todo el que es de la verdad escucha mi voz" (Jn. 18:37). Pilato respondió con una pregunta: "¿Qué es la verdad?" (v. 38). Si su pregunta hubiera sido genuina, seguramente se habría quedado por la respuesta. Por desgracia, no lo hizo.

La verdad es lo que es. Y es exclusivo. Hacer una afirmación es negar lo contrario. Cristo vino a afirmar la verdad del Antiguo Testamento, que todos somos en realidad la creación de Dios, creada en la *imago Dei*. También afirmó nuestra condición caída, y la hostilidad inevitable que tenemos hacia Dios como resultado de nuestra caída. Pero no vino a testificar únicamente de la verdad de las cosas fuera de sí mismo, vino como la encarnación misma de la verdad. Así como él había venido como Dios Salvador, también había venido como Dios el Creador, porque todas las cosas en la realidad creada sólo pueden ser interpretadas correctamente cuando su palabra se conoce como la autoridad última. En otras palabras, Dios ha establecido la verdad, y su verdad se revela por medio de su palabra (la revelación especial) y por medio de la creación (la revelación natural) como una revelación unificada. La naturaleza de la verdad misma está determinada por el carácter lógicamente consistente de Dios, nuestro Creador.

La palabra del Creador, por lo tanto, es verdadera. Porque no sólo creó Dios todas las cosas, sino que según el apóstol Pablo, "Él es antes de todas las cosas, y en Él todas las cosas permanecen" (Col. 1:17). La percepción correcta y verdadera de la realidad, del conocimiento y de la ética es la que Dios ha establecido, y podemos alcanzar esa percepción si consideramos la palabra de Dios como la autoridad última para todo conocimiento. Todas las demás filosofías de vida (porque esto es lo que constituye una filosofía de vida) son falsas percepciones de la realidad, el conocimiento y la ética. Incluso si intentamos llegar a la verdad independientemente de Dios, no podemos evitar suprimir la verdad como resultado de nuestra naturaleza pecaminosa (Rom. 1:18). Es por eso que la palabra de Dios es la única interpretación autoritaria de la realidad, porque sólo alineando nuestras presuposiciones con la verdad de la Palabra de Dios podemos percibir correctamente el mundo como realmente es.

Finalmente, llegamos a la pregunta final: "¿Qué hace a Cristo el único camino a Dios?" Aparte de ser Dios mismo, como parte de la divinidad trino, él es también el único capaz de construir un puente entre el hombre y Dios, un puente que atraviesa el gran abismo entre ellos.

Déjame explicarte. En el Jardín del Edén, cuando nuestros primeros padres pecaron, habían, como resultado, cortado su conexión relacional con Dios. Esto significaba que, por su cuenta, el hombre nunca podría razonar su camino de regreso al Dios bíblico. Su rebelión pecaminosa le impidió hacerlo. Es por eso que el a menudo puede llegar a algún teísmo intencionado en su razonamiento, pero nunca el teísmo cristiano. Al hacer esto, es decir, llegar intencionalmente a cualquier deidad o ninguna en absoluto en contraposición al verdadero Dios de las Escrituras, el hombre esencialmente podía mantener su falsa autonomía, preservar su pretendido "deidad" como el determinante de lo que es real, moral y conocido.

Cuando llega, sin embargo, al teísmo cristiano, esto no es obra suya, sino obra de Dios que lo rescata de su condición indefensa y ciega. Y habiendo sido renovado desde dentro, con sus ojos abiertos a la verdad, entonces es capaz de renunciar a su falsa autonomía y abrazar a Dios como el Señor sobre toda la creación (incluyendo sobre su propio pensamiento). Pero el medio por el cual esto es posible es en la persona de Cristo, quien no sólo construye un puente intelectual entre el hombre y Dios (como proporcionando la interpretación autoritaria de la realidad), sino también relacionalmente. ¿Cómo es eso?

Dada la naturaleza santa y justa de Dios, el hombre pecador no puede compartir su presencia con el Santo de los Santos porque lo mataría, y lo digo literalmente. Consideren, por ejemplo, por qué Moisés se escondió detrás de una roca para ver pasar la gloria de Dios delante de él, e incluso así no se le permitió ver a Dios cara a cara (Ex. 33:12-23). Para entender esto mejor, podríamos usar la analogía del sol: Podemos ver la luz del día cuando caminamos sobre la faz de la tierra, pero no podemos mirar al sol directamente, nos cegaría. Imagínate si estuviéramos más cerca del sol, y quiero decir mucho más cerca, más cerca que cualquiera de los planetas de nuestro sistema solar, su calor y radiación nos matarían. La santidad de Dios puede ser comparable con la intensidad del sol, pero incluso el sol como objeto creado no se puede comparar con la intensidad de la santidad de Dios. Como resultado, para que el hombre pudiera caminar de nuevo en la presencia de Dios, tuvo que ser justificado de nuevo. Su pecado tuvo que ser tratado. En su libro *Sobre la Encarnación,* Atanasio escribe que:

> ...sólo la asunción de la humanidad por alguien quien es plenamente divino podría llevar a cabo un cambio en

> este estado de criatura; al convertirse en humano y vivir una vida humana, el Verbo divino, quien es en sí mismo la verdadera imagen de Dios, restauró la imagen de Dios que está estropeado en nosotros.[15]

Si Cristo fuera menos que Dios en su esencia, entonces la salvación sería imposible, porque ninguna criatura creada podría librarnos de nuestra condición caída y traernos a la vida y a la justicia de Dios. Sólo alguien igual a Dios puede ser el salvador del hombre, y no sólo igual pero igual en sustancia, porque la palabra de Dios nos enseña que sólo hay un Dios verdadero. Esto es lo que Jesús quiso decir al afirmar ser el camino, la verdad y la vida. Establece los parámetros por los cuales podríamos entender el mundo, dándonos una verdadera filosofía de vida y llamándonos a

---

15. Citado en Ivor J. Davidson, *A Public Faith: From Constantine to the Medieval World AD 312-600,* ed. John D. Woodbridge, David F. Wright, and Tim Dowley, Volume Two. (Grand Rapids, MI.: Baker Books, 2005), 64.

responder a la verdad.

¿Cómo comparamos entonces la persona de Cristo y sus enseñanzas con otras cosmovisiones religiosas del mundo?

4

COMPARANDO JESÚS CON
OTRAS FIGURAS RELIGIOSAS

AQUELLOS QUE A MENUDO se oponen a las afirmaciones exclusivas de Cristo y lo etiquetan como potencialmente "intolerante" o "irrespetuoso hacia otras religiones" se hacen eco el pensamiento común de las religiones orientales, principalmente el del "relativismo". Dada la limitada cantidad de tiempo que tengo, lamentablemente me veo obligado a limitarme a seleccionar sólo dos cosmovisiones religiosas que son las más representativas de las religiones orientales. Estos son el hinduismo y el budismo, el primero emergiendo antes que el otro, y el segundo desarrollándose a partir del hinduismo posterior. Aunque hay otras religiones orientales para considerar, tales como el sintoísmo, jainismo, y bahaísmo, por nombrar algunos, el principio subyacente sigue siendo el mismo, la difuminación de la distinción entre el Creador y la creación. Abordaré este asunto a medida que avancemos.

Sin embargo, hay que decir que, en las religiones orientales, no existe tal cosa como la "verdad absoluta", y esto se debe a que la verdad se considera relativa. Puede tener varios significados, incluso opuestos que contradicen. Puedes ser Dios, y no Dios. Puedes ser real, y no real. Puedes ser consciente y no consciente. Así que las afirmaciones de Cristo, como él se refería a ellas, no son generalmente aceptadas como son, sino más bien reinterpretadas para encajar dentro de la cosmovisión oriental, y por esta razón Él es a menudo venerado como uno de muchos dioses, o como un *bodhisattva* (un Buda en proceso). Tengo la intención de volver a la cuestión de la naturaleza de la verdad en el pensamiento oriental, pero primero deconstruyamos la esencia central de las cosmovisiones hindúes y budistas.

Hinduismo

En lo que se refiere al hinduismo, la cosmovisión religiosa paso por tres fases de desarrollo religioso. Estas fases son llamados respectivamente la fase védica, la fase vedántica y la fase bhakti.[16] La fase védica se cree que comenzó en algún momento alrededor del 1500

---

16. Winfried Corduan, *Neighboring Faiths: A Christian Introduction to World Religions,* Second ed. (Downers Grove, IL.: IVP Academic, 2012), 268.

a.C., y se caracterizó por requisitos rituales y legales que fueron administrados por el sacerdocio de los Brahmins. Cada miembro del sistema de castas tenía que cumplir con su deber religioso para escapar del ciclo interminable de la reencarnación, y para la mayoría esto significaba que sólo la casta más alta (que eran los brahmanes) estaban más cerca de escapar de *samsara* (reencarnación). Este elitista marco de la práctica religiosa condujo a revoluciones posteriores y reformas por las castas inferiores, lo que condujo a la fase *vedantica* del 500 a.C.[17]

Esta segunda fase se caracterizó por varias formas de retiro, meditación y yoga, que, a diferencia de la primera fase, podían ser practicadas por todos los miembros de la casta. El objetivo de estas prácticas místicas era llegar a la verdadera realización de la identidad *Atman-Brahman*. Lo que esto significa es reconocer la propia identidad personal como una ilusión, porque no somos más que extensiones del dios impersonal *Brahman*. Lograr esta realización su-

---

17. Ibid.

puestamente abriría la puerta a escapar del ciclo de la reencarnación, y permitiría que el alma se reúna con la unidad del universo, *Brahman*.

Brahman es el dios impersonal del hinduismo. No es una persona, no es un individuo. Es simplemente panteísta, omnipresente, a veces conocida como el "alma del mundo".[18] Para simplificar aún más esto para ustedes: el panteísmo es el concepto de "Dios es todo, y todo es Dios". Así que, para los hindúes, "*Brahman* es todo, y todo es *Brahman*". Esta filosofía es considerada como la Advaita Vedanta, en la que *Advaita* significa "no dual". En otras palabras, no hay distinción o división entre diferentes aspectos de la realidad, todo es uno. Y sin embargo, el término "uno" no es apropiado porque como un número es diferente de los números dos, tres y cuatro, etc. En esencia, no puede haber tales distinciones dentro de *Advaita*.

Esta fase mística del hinduismo se conoce como el "camino del conocimiento" (*jnana-marga*), una libertad de la ilusión de *maya*, que es el juego mágico

---

18. Ibíd., 280.

de *Brahman*, y un logro del conocimiento de la realidad.[19] En otras palabras, las facultades intelectuales, psicológicos y religiosas del hombre no son realmente extensiones de la entidad impersonal de *Brahman*, sino más bien manifestaciones lúdicas. Como un titiritero, cuya mano está en la marioneta. El titiritero puede hacer reír a la marioneta, gritar y moverse, pero todos sabemos que la marioneta no es realmente autónoma. En cambio, la mano humana dentro de la marioneta está moviendo la marioneta para actuar y comunicarse. De la misma manera, nuestras emociones, intelecto y comportamiento son supuestamente el juego coordinado de *Brahman*, pero no es *Brahman* en sí, es una ilusión. Es *maya*, la palabra asociada con la "magia". Como escribe el erudito de religión Dr. Winfried Corduan:

> Podemos pensar de *maya* como la imagen creada por un proyector de película o como un sueño: experiencialmente real pero insustancial. Si nos sumergimos en la proye-

---

19. Ibid.

cción o el sueño como realidad genuina, viviremos en la ignorancia (*avidya*), y este estado nos impedirá encontrar la verdadera realidad y así nos mantendrá confinados al ciclo de samsara.[20]

En otras palabras, lo que es *Brahman* es real, y lo que no es *Brahman* es simplemente *maya*, una ilusión, el juego mágico (*lila*) que surge de *Brahman*. Sólo viendo la ilusión y lo real detrás de la ilusión puede uno escaparse de la reencarnación. Pero este no era el único medio de la salvación del hindú.

La fase posterior de *bhakti* surgió con el texto del *Bhagavad-Gita* en algún momento alrededor del 200 a.C. Es considerado por los hindúes como un libro sagrado, y para los no hindúes como un épico literario.

En el *Bhagavad-Gita* leemos de la historia de Arjuna, un arquero heroico, y su conflicto con sus primos los Kauravas. La historia se centra en el dilema moral de Arjuna en cuanto a si debe cumplir con su deber como guerrero (y como parte de la casta guerre-

20. Ibid.

ra), o a ser asesinado para no derramar la sangre de su familia. Este dilema moral se resolvió a través de una conversación con su carruaje, Krishna, quien supuestamente el dios hindú *Vishnu* en carne humana.

Volveremos al *Bhagavad-Gita* momentáneamente, pero por ahora basta decir que el texto retrata la devoción personal hacia un dios como motivo suficiente por el cual el hombre puede escapar del ciclo de la reencarnación. Esto es lo que significa el término bhakti, el camino de la devoción (*bhakti-marga*).[21]

El hinduismo contemporáneo es un subproducto de estas tres fases históricas, pero en su esencia siempre ha mantenido lo siguiente: El dios impersonal *Brahman* es todas las cosas, y todas las cosas es el dios impersonal *Brahman*. Esta es una unidad completa sin distinciones, y cualquier distinción percibida dentro del universo es simplemente *maya*, las ilusiones juguetonas de *Brahman*.

Este es el principio subyacente de todas las religiones orientales, en el caso de la cosmovisión hindú

---

21. Ibíd., 281.

no hay distinción entre el Creador y la creación, no hay dualismo de acuerdo con la filosofía de *Advaita Vedanta,* todo es uno. El término que podría utilizarse para describir esta falta de distinción es Unismo. Es un término acuñado por el erudito Peter Jones, autor del libro *Unos o Dos: Viendo un mundo de diferencia.* El concepto, sin embargo, no es nuevo, sino que se encuentra en el Nuevo Testamento (Rom. 1) que divide a la humanidad en dos grupos: aquellos que adoran correctamente al Creador como totalmente distinto de la creación (Dos-ismo), y aquellos que injustamente adoran y deifican la creación (Unismo).

El hinduismo cae dentro de este último.

La cosmovisión Unista afirma lo siguiente, ya sea explícita o implícitamente: [22]

1. **Todo es Uno** y todo es divino (no hay dios externo; y la espiritualidad está en nosotros mismos y en el universo que nos rodea);

---

22. Para saber más sobre Unismo y Dosismo, ver Peter Jones, *Uno o Dos: Viendo un mundo de diferencia* (Guadalupe, Costa Rica: Editorial CLIR, 2012).

2. **La Humanidad es Uno** y todos comparten el poder divino (si todos nos unimos, podemos llevar al mundo a un nuevo nivel de felicidad y paz);

3. **Las religiones son Una** y cada religión tiene parte de la verdad (si las unimos todas, descubriremos la espiritualidad real – el principal impulso del pluralismo religioso en el Occidente);

4. **El problema** con la humanidad es que debemos recordar que somos uno (distinciones como el blanco y el negro nos alejan de la verdadera unidad y espiritualidad);

5. **La solución** es que miramos dentro de nosotros mismos para encontrar el poder y unificar el equilibrio (nos volvemos espirituales a medida que experimentamos la unidad de todas las cosas y nos perdemos en el todo).

Esto es, esencialmente, una forma de humanismo religioso, porque en su esencia, el hombre es deificado. Puede haber millones de dioses dentro del panteón hindú, y todos pueden ser superiores en fuerza y poder al hombre, pero ellos también son meras extensiones del dios impersonal *Brahman*. Esto significa que según el hinduismo también somos pequeños dioses. Como dijo un excatólico que se convirtió al hinduismo: "Mientras que el cristianismo dice: Arrepiéntete, eres un pecador; El hinduismo dice: ¡Despierta! ¡Eres Divino!"[23]

Bueno, hay problemas obvios con una cosmovisión panteísta del mundo único como el hinduismo. En primer lugar, se pierden las precondiciones para la inteligibilidad. O para decirlo más claramente, las leyes de la lógica y la razón que se utilizan para explicar la religión hindú se pierden, porque no hay absolutos en un mundo que es simplemente un dios impersonal sin distinciones. No hay verdadero y falso, no hay bien y mal, no hay luz y oscuridad, no hay hombre y mujer. NO hay distinciones, y dentro de tal

---

23. Ma Nithya Swarupapriyananda, "Difference between Christianity & Hinduism: Repent, you're a sinner vs. Awaken! You're divine!", Youtube. Accessed January 31, 2016, https://www.youtube.com/ watch?v=x5gARFv4wrk.

cosmovisión, todo se descompone. La comunicación ya no es posible, la información en cualquier forma ya no es información, sólo datos sin distinciones que no tiene ningún significado. Por eso el ser humano no tiene valor. Esta es la razón por la que el alma no es diferente de su perro, o su gato, o la cucaracha que vive en su casa.

Las implicaciones pueden ir aún más lejos. No hay distinciones entre seres vivos y seres no vivos. No hay diferencia entre un hombre y una roca, porque son esencialmente extensiones del mismo *Brahman*. Una persona podría regar agua hirviendo sobre su prójimo sin repercusión porque es simplemente *Brahman* siendo derramado por *Brahman* encima de *Brahman*. Esto conduce inevitablemente al caos moral, socava los fundamentos de los derechos humanos y la libertad, e incluso contradice el sistema de castas hindúes y el concepto de *karma*.

Podemos consultar el *Bhagavad-Gita*, que ilustra la ruptura moral de una cosmovisión Unista. Al principio del libro Arjuna afirma:

¡No veo nada bueno como resultado de masacrar a mis parientes en la guerra!... ¿Qué alegría hay para nosotros al asesinar a [los Kauravas], Oh Krishna? ¡Porque si matamos a estos asesinos, el mal como el suyo se aferraría a nosotros!... Incluso si ellos, dominados por la codicia, son ciegos a las consecuencias de la destrucción de la familia, de amistades perdidas por la traición, ¿cómo no debemos comprender que debemos apartarnos del mal?[24]

Arjuna lucha con el "hombre viejo" del pecador, a lo que el teólogo cristiano Cornelius Van Til se refiere como el estado original de la rectitud del hombre antes de la caída. El reconoce que tomar una vida es malo, y que sería mejor ser asesinado que cometer asesinato contra su propia familia. Es en su discurso que el revela la condición humana que la Biblia describe adecuadamente (cf. Gén. 6:5): "Me entristece

24. Gavin Flood & Charles Martin, trans., *The Bhagavad Gita: A New Translation,* A New Translation (New York, NY.: W.W. Norton & Company, 2012), 6-9.

que como tenemos la intención de asesinar a nuestros parientes en nuestra codicia por placeres, reinos, ¡estamos fijos en hacer el mal!"[25]

En este momento, Krishna, el carrojo, aún no se revela como el dios *Vishnu* encarnado, y en su diálogo en el *Bhagavad-Gita,* aconseja a Arjuna sobre lo que es importante: (1) Cumplir con nuestro deber, y al hacerlo, ser (2) indiferente en cuanto a si un acto es moral o inmoral. En otras palabras, la cuestión del bien y del mal no es importante, la moralidad no es necesaria cuando entra en conflicto con el deber de cumplir y adherirse al sistema de castas y a su función en la sociedad.

Es en el undécimo capítulo donde Krishna finalmente revela su verdadera naturaleza, viendo que sólo por la autoridad de un dios puede persuadir a Arjuna a tomar las armas. El panteísmo del hinduismo es evidente en su momento de revelación, ya que Krishna en toda su gloria se revela como el dios Vishnu en carne humana: "Aquí he aquí todo el universo, los

---

25. Ibíd., 9.

seres en movimiento e inmóviles, de pie como uno en mi cuerpo, ¡y todo lo demás que desea ver!"[26]

Arjuna debe aprender a ser indiferente, y a cumplir con la obligación de su casta como guerrero, no preocupándose si causa placer o dolor.[27] Como una cosmovisión Unista, donde no hay distinción entre el Creador y la creación, sino más bien una combinación de tanto el divino como infinito con lo finito y temporal, hay una inevitable ruptura o colapso de la realidad, el conocimiento y la moralidad. Estas son sólo algunas de las implicaciones del hinduismo, los diversos fracasos sistemáticos que lo hacen falso e imposible de acatar.

Budismo

También podríamos recurrir al budismo y ver cómo esto también cae en el Unismo. Sin embargo, antes de proceder, debo dejar claro que el budismo no es fácil de resumir. Corduan explica la dificultad: "...las distinciones entre las diferentes escuelas del budismo son

26. Ibíd., 90.
27. Corduan, *Neighboring Faiths,* 282.

tan marcadas que se hace bastante difícil identificar un núcleo básico"[28] Sin embargo, un núcleo básico se puede encontrar, si no en términos de práctica, ciertamente en términos de pensamiento. ¿Y qué mejor manera de minar este pensamiento que empezando por las enseñanzas del Buda? Para entender sus enseñanzas, sin embargo, primero debemos tener una comprensión de su origen.

Según las tradiciones budistas, el Buda fue originalmente llamado Siddhartha Gautama, un príncipe hindú del clan Shakya. El padre de Gautama era un rey que deseaba la grandeza para el reinado de su hijo, y así, en un esfuerzo por preservar su ser y carácter lo mantuvo alejado de la religión, la muerte, la enfermedad, la vejez y otros rasgos visibles de la condición humana. Eventualmente tomaría una esposa llamada Yasodhara, quien le dio un hijo, Rahula.[29]

Debido a la persistencia de Gautama, su padre le concedió un viaje fuera del palacio real. Pero antes de

---

28. Ibíd., 313.
29. Ibíd., 315-316.

que el viaje se llevara a cabo, el rey envió a sus soldados a purgar la zona de su viaje previsto de toda muerte, enfermedad y sufrimiento. Hay dos versiones de esta historia, la de los hindúes es que las deidades hindúes se manifestaron como un anciano cercano a la muerte, un hombre con lepra, un procesión fúnebre para un cadáver descompuesto y un monje quien se retiraba de la vida. La versión budista de esta historia es que Gautama tomó un giro diferente de lo planeado y se encontró con un pueblo que no fue purgado por el rey, y fue testigo de todas estas cosas. En cualquier caso, lo que Gautama había visto provocó culpa y remordimiento debido a su posición privilegiada como príncipe. Esta culpa lo llevó a abandonar su posición, su familia y su rica herencia, huyendo en la noche del palacio.

En un esfuerzo por aliviar su culpabilidad, se privó de las comodidades humanas y la buena salud, y después de siete años de pobreza y daño autoinfligido, decidió tener éxito en su redención o morir del hambre. Según los informes, mientras estaba bajo una higuera durante su meditación, llegó a la iluminación y se convirtió en el "despertado[30] Desde entonces, enseñaría a los demás durante décadas cómo alcanzar la iluminación, porque todos procuraban estar libres de su culpa y sufrimiento. La popularidad que siguió a Gautama eventualmente allanaría el camino para que la religión budista se desarrollara y emergiera. Y se afirma, tanto por hindúes como por budistas, que en el día que Gautama había muerto de intoxicación alimentaria, había escapado del ciclo de la reencarnación y estaba unido con Nirvana (*Brahman* para los hindúes).[31] No había manera, por supuesto, de verificar esta creencia, pero se convirtió en el pináculo de la esperanza para muchos en el Este.

Según las enseñanzas del Buda (que más tarde se ampliaron en el Pali Canon), el mundo es en última instancia impermanente. En otras palabras, toda la realidad visible es una ilusión, y esta ilusión está en un estado constante de flujo. Como resultado, ningún ser humano puede aferrarse a algo, incluso si eso era

30. Ibíd., 317.
31. Ibíd., 318.

permanente, porque todo es una ilusión.

Esto causa un gran sufrimiento, porque nosotros que no existimos nos aferramos a algo que es temporal. La solución, según Gautama, era interiorizar la verdad de nuestra inexistencia, y al hacerlo podríamos escapar del ciclo de la reencarnación y unirnos a Nirvana. El Nirvana es una unidad que a menudo se describe como una nada, pero que no se puede explicar completamente porque trasciende completamente el lenguaje humano. Esta es la versión oriental del ateísmo, descartando a todos los dioses como un deseo por lo permanente, pero a diferencia del racionalismo y el materialismo que caracteriza al ateísmo occidental, el budismo en cambio se enorgullece con su irracionalismo y misticismo.

Para interiorizar las enseñanzas del Buda, el hombre debe aceptar las cuatro verdades nobles, que son: (1) vivir es sufrir; (2) el sufrimiento es causado por el aferramiento; (3) para eliminar el sufrimiento, uno debe eliminar el aferramiento; y (4) uno puede elimi-

nar el aferramiento siguiendo el camino octavo.[32]

El camino octavo consta de lo siguiente:

1. **La vista correcta** (entender la ilusión de la realidad);
2. **La intención correcta** (dispuesta a lograr la iluminación);
3. **El discurso correcto** (diga lo que se requiere);
4. **La acción correcta** (haciendo lo que se requiere);
5. **La vida correcta** (el monacato);
6. **El esfuerzo adecuado** (concentración de energía);
7. **La atención plena correcta** (meditación);
8. **Y Concentración derecha** (enfoque).[33]

Pero si todo es realmente una ilusión, ¿cómo podemos estar seguros de lo que el Buda enseña? ¿No es el propio Buda una ilusión? ¿No es su práctica religiosa y la enseñanza una manifestación de la inexistencia?

---

32. Ibíd., 320.
33. Ibíd., 320-321.

Si lo único que es eterno es la nada del Nirvana, ¿no es contradictorio aferrarse a las cuatro verdades nobles? ¿No es el sufrimiento causado por el aferramiento? Estas son las preguntas que nos vemos obligados a hacer, y estas fueron el tipo de preguntas que Buda tuvo que enfrentar.

En uno de sus diálogos sobre la cumbre de la conciencia humana, Gautama afirma que hay una cumbre y en el mismo sentido hay varias. Como resultado de esta contradicción, sus seguidores le preguntaron si esta filosofía (o ciertos aspectos de esta filosofía) debe considerarse verdadera y todas las demás falsas. La respuesta de Gautama como el despertado no satisface al investigador, como él dice:

[No hay] beneficio, no se refiere a la Norma, no [se relaciona con el camino octavo], no se redunda en el conocimiento real, ni en la percepción (de las etapas superiores del Camino), ni con el Nirvana. Por lo tanto, no le expreso ninguna opinión al respecto.[34]

---

34. *IX. Potthapâda Sutta,* Sacred Texts. Accessed April 6, 2016, http://www.sacred-texts.com/bud/ dob/dob-09tx. htm.

Esencialmente, para evitar la cuestión de la exclusividad, o incluso para evitar implicar inclusividad,
Gautama elige permanecer en silencio. Para un maestro "sabio" del Oriente, quien supuestamente llegó
a la iluminación, esta es una declaración vergonzosa.
Se niega a hacer cualquier afirmación de verdad, y se
niega a afirmar su enseñanza como absolutamente verdadera. ¿Por qué entonces considerar sus enseñanzas?
Pero entonces, esto sería consistente con la cosmovisión budista. ¿No es toda una ilusión? Por lo tanto,
sus enseñanzas también son una ilusión. No puede
haber distinciones dentro de una cosmovisión Unista en la que todo es uno, una gran nada, Nirvana.
No debemos esperar, como resultado, que se apliquen
las leyes de la lógica, porque fuera de la cosmovisión
bíblica, las leyes de la lógica y del razonamiento no
pueden justificarse satisfactoriamente. No hay manera
de dar sentido a la lógica y a la verdad fuera del ser del
Dios bíblico quien es la fuente de todas las formas de
la lógica, y que es él mismo la verdad.

Islam

Ahora bien, en este punto podrías estar listo a decir: "Es muy fácil descartar las religiones del Oriente, pero ¿qué pasa con las religiones occidentales, como el Islam? El Islam es, después de todo, muy similar al cristianismo". Permítanme explicarles por qué el Islam, que se presenta como una cosmovisión "dos-ista" (preservando la distinción del Creador y la creación), es en realidad una cosmovisión "unista".

Según la doctrina islámica de *tawhid*, Ala es una unidad absoluta. Es la unidad y singularidad de la unidad de Ala lo que hace que el Islam, en la mente musulmana, sea la "forma más pura del monoteísmo".[35] Y dada la doctrina del *tanzih*, en la que la creación está totalmente separada del Creador, debe haber, por lo tanto, una distinción entre el Creador y la creación, la cual es vital para la comprensión de la inteligibilidad de la experiencia humana (los filósofos llaman a esto la "predicación de la realidad"). Pero si examinamos el texto del Corán, las tradiciones islámicas (el *hadith*)

---

35. Alhaj A.D. Ajijola, *The Essence of Faith in Islam* (Lahore, Pakistan: Islamic Publications Ltd., 1978), 55.

y los comentarios que siguieron, descubriremos una tensión dialéctica entre la trascendencia absoluta de Dios, y la similitud de Ala con toda la creación.

Los comentaristas Shihab al-Din al-Alusi y Muhammad ibn Ali al-Shawkani afirman que el Corán representa a Ala como "absolutamente trascendente", sin tener ninguna semejanza con la creación.[36] Esto es problemático, por decir algo sobre Ala teológicamente, o incluso pensar y conceptualizar a Ala, es negar su trascendencia absoluta y hacerlo "conocido". Según el Islam, este es el pecado de *shirk*, la asociación injusta de Ala con cualquier cosa creada. Como escribe el comentarista Fadl Allah, "la facultad mental no puede alcanzarlo en Su misterio elusivo y oculto".[37]

Ala es esencialmente incognoscible, inaccesible e ininteligible para la mente humana. Esto se debe a que

36. Los comentarios de Shihab al-Din al-Alusi, *Ruh al-ma ani fi tafsir al-Qur'an al-azim wa'l-sab al-mathani and Muhammad ibn Ali al-Shawkani, Fath al-qadir* in Nasr et al., eds., *The Study Qur'an*, 1580.

37. Feras Hamza, Sajjad Rizvi, y Farhana Mayer, eds., *An Anthology of Qur'anic Commentaries,* Vol. 1 (London, UK. Oxford University Press, 2008), 492.

no existe una semejanza posible entre Ala y la creación, nada que lo ate a este mundo. Si, por lo tanto, nada se puede saber verdaderamente sobre el Creador, entonces nada se puede saber acerca de la creación, porque decir que la creación refleja al Creador es en última instancia *shirk*, la reducción de Ala de su pura trascendencia. Pero curiosamente, así como el texto del Corán proporciona apoyo para esta "trascendencia absoluta", también proporciona apoyo para la similitud de Ala con la creación.

A pesar de la trascendencia absoluta de Ala, el Corán representa a Ala como la Voluntad de todas las cosas, y dado el significado implícito de sus pasajes de apoyo, Ala se vuelve "indistinguible de la 'naturaleza' y el 'destino' en sí, porque todo se convierte en una expresión de pura voluntad".[38] En otras palabras, porque nada existe fuera de la voluntad de Ala, porque nada sucede sin que sea una extensión de Ala, según Al-Ghazali, entonces Ala es todo. Como él mismo es-

---

38. Joseph Boot, "Nature & Revelation: The Fractured Foundations of Islam", *Jubilee: Recovering Biblical Foundations for our Time,* Summer (2016), 11.

cribió:

> En efecto, no hay nada en existen-
> cia, excepto Dios y Sus actos, porque
> todo lo que hay allí además de Él es
> Su acto... [los místicos] son capaces de
> ver visualmente que no hay otro ser
> en el mundo que no sea Dios y que
> el rostro de todo es perecedero salvo
> Su rostro (S. 28:88)... de hecho, todo lo
> que no sea El, considerado en sí mis-
> mo, es puro no ser... por lo tanto, nada
> es excepto Dios Todopoderoso y Su
> rostro.[39]

Por eso, no importa dónde estés o a dónde te en-
cuentres, allí encuentras "la Cara de Ala" (S. 2:115).[40]

---

39. Al-Ghazali, citado en Robert R. Reilly, *The Closing of the Muslim Mind: How Intellectual Suicide Created the Modern Islamist Crisis* (Wilmington, DE.: ISI Books, 2010), 110.

40. The scholastic Ghazalian names of Allah are interpreted as a "network of hierarchal manifestations or epiphanies of the Divine Essence through which the mystic progressed to be united with the Being of God"

Todas las cosas que no sean Ala son no ser, por lo tanto, toda la realidad creada debe ser Ala.

Esta afirmación panteísta sería rápidamente debatida por cualquier musulmán, pero las palabras escritas de Al-Ghazali articulan el pensamiento de los primeros musulmanes y el progreso de la interpretación del Corán. El Islam es, por lo tanto, una síntesis incómoda de "monoteísmo puro" y "panteísmo", encontrándose con problemas en ambos extremos. Que Ala sea absolutamente trascendente hace que toda la realidad creada sea incomprensible, y que Ala sea uno con todo es hacer que la realidad sea ininteligible. El Islam intenta copiar la cosmovisión cristiana como "dosista" pero no exhibe la distinción entre el Creador y la creación, y por lo tanto es "unista" por

in Ahad M. Ahmed, "The Theological Thought of Fazlur Rahman: A Modern Mutakkalim", Archive, accessed January 9, 2017, https://archive.org/stream/THETHEOLOGICALTHOUGHTOFFAZLUR-RAHMANTHESISBYAHADMAQBOOLAHMED/THE-THEOLOGICAL-THOUGHT-OF-FAZLUR-RAHMAN-THESIS-BY-AHAD-MAQBOOL-AHMED_djvu.txt.

implicación. Si Mahoma hubiera conocido o aceptado el hecho de que su Corán estaba en conflicto con la Torá (Taurat) y el Evangelio (Injil), los cuales el Corán considera como autoridades por encima de sí mismo (S. 10:94), el Islam nunca se habría desarrollado. Aunque el Corán puede hacer afirmaciones similares a las de la Biblia, al verificar sus afirmaciones, cae plano en su rostro, exhibiendo sus diversas inconsistencias internas.

CAPÍTULO

5

LA ÚNICA COSMOVISIÓN DOSISTA

AL FINAL, AL COMPARAR estas tres cosmovisiones religiosas, el hinduismo, el budismo y el Islam – los cuales, en términos de sus incoherencias internas, son representativas de otras religiones del mundo – y al considerar las afirmaciones de Cristo y la cosmovisión de las que sus afirmaciones se hacen, es sólo de acuerdo con las presuposiciones de la palabra de Dios, la Biblia, que somos capaces de dar sentido a la realidad.

La cosmovisión cristiana corresponde a la realidad, es coherente, es consistente, exhibe la distinción entre el Creador y la creación, y como tal podemos dar sentido a las distinciones, la inteligibilidad y el sentido de la experiencia humana. En pocas palabras, las afirmaciones de Cristo, y por lo tanto del cristianismo, son absolutamente ciertas debido a la imposibilidad de lo contrario.

Cristo es Dios encarnado, y dada la imposibilidad de otras cosmovisiones religiosas, él es innegablemente el camino, la verdad y la vida. Afirmó serlo, y podemos tomarlo por su palabra y verificar que así es. Como escribió Van Til:

De hecho, siento que toda la historia y
la civilización serían ininteligibles para
mí si no fuera por mi creencia en Dios.
Tan cierto es esto, que propongo ar-
gumentar que a menos que Dios esté
detrás de todo, no podrías encontrar
significado en nada.[41]

Krishna (quien históricamente no existió), Siddhartha Gautama (quien se cree que es un mito),
Mahoma (quien no puede ser confirmado históricamente),[42] y todas las demás figuras religiosas, no
pueden compararse con la particularidad radiante y la
realidad de Jesucristo y lo que él significa para nuestro
mundo caído. Cristo es el camino de la salvación y la
redención, el abanderado de la verdad, y el dador de
vida y restaurador. Nadie puede venir al Padre excepto

41. Cornelius Van Til, *Why I Believe in God* (Philadelphia:
Committee on Christian Education of the Orthodox Pres-
byterian Church, n.d.), 3.

42. Ver Robert Spencer, *Did Muhammad Exist? An Inquiry into
Islam's Obscure Origins* (Delaware Intercollegiate Studies
Institute, 2012).

a través de él, y a conocerlo es conocer al Padre.

Y eso dice algo sobre el pluralismo religioso. Significa que no hay síntesis, no hay suplementación, ninguna mezcla puede ser posible entre la verdad y el error. Esto es significativo, porque a medida que el Parlamento Mundial de las Religiones continúa reuniéndose para la aplicación de la religión a la sociedad (en 2018 habrá tenido lugar en mi ciudad de Toronto), ninguna verdadera cultura surgirá nunca de una religión sincretizada. Y por "verdadera cultura", me refiero a una cultura que está arraigada estructuralmente en la palabra-ley de Dios y dirigida hacia él en la adoración legítima y vertical, esta es la práctica de la verdadera religión.

Ya sea una cultura islámica, una cultura hindú, una cultura humanista secular, una cultura religiosa pluralista, sólo hay dos cosmovisiones subyacentes a la cultura, y estas dos entran en conflicto entre sí: es la cosmovisión unista de la adoración de la creación, y la cosmovisión dos-ista de la adoración del Creador. Esto hace que toda cultura, por implicación, sea religiosa, porque es la cultivación de la creación de acuerdo con el *cultus* prevaleciente (latín para "adoración") del pueblo.

Y como podemos derivar, una cosmovisión "unista" que no puede dar sentido a la realidad no puede contribuir significativamente hacia el progreso humano. ¿Cómo puede cuando no puede proporcionar normas para la justicia, la ética, la economía, etc. si todo es uno e indiferenciado?

Puesto que la cultura es el resultado de la interacción beneficiosa del hombre con la creación de Dios, y puesto que el hombre es un ser religioso por naturaleza, entonces cualquier cultura que el hombre pueda cultivar también será de naturaleza religiosa. Y de ello se deduce que, como hay una cosa como la verdadera adoración, en términos de la palabra y el orden de la ley de Dios, y la verdadera cosmovisión, entonces también debe haber verdadera cultura, una cultura que sea consistente con la enseñanza de la palabra de Dios tanto estructural como direccionalmente. Es la única cultura en la que el hombre puede realizar su verdadero llamamiento, cultivando el verdadero progreso hacia la realización de las normas perfectas de Dios en la tierra. Esto es lo que la Biblia quiere decir por los justos viviendo por fe (Rom. 1:17), un "vivir" integral y completo que se refiere al gobierno justo de Jesucristo sobre todas las cosas.

Este es el evangelio que los apóstoles proclamaron, la redención y recuperación del verdadero propósito del hombre en Jesucristo de cultivar la creación de Dios en una civilización piadosa, de edificar su reino en la tierra mediante la proclamación de la verdad y la administración de su gracia, mientras todas las cosas son sujetadas al Señorío de Cristo quien reina sobre el cielo y la tierra (1 Cor. 15:25-28).

INDICE DE LAS ESCRITURAS

ANTIGUO TESTAMENTO		NUEVO TESTAMENTO	
Génesis		**Mateo**	
1:1	23	2:2	20
2:17	37	2:11	20
6:5	64	4:3-4	23
Éxodo		4:10	20
3:14	26	8:2	21
14:20	28	9:18	21
33:12-23	45	14:9-10	21
34:5	28	14:33	21
Números		15:25	21
10:34	28	16:16	21
		20:20	21
Deuteronomio		28:9	21
6:13	20	28:17	21
Salmo		**Marcos**	
104:3	28	2:8-9	24
Isaías		14:61	27
19:1	28	14:63-64	28
40:3	25	**Juan**	
Daniel		1:1	23, 26
7:13	28	6:1-14	24
		8:24	26
		8:28	26

INDICE DE LAS ESCRITURAS

STEVEN R. MARTINS es un investigador, escritor y apologista. El sirve como pastor fundador de Sevilla Chapel (St. Catharines, Canada), director del Cántaro Institute, y ha servido con el Ezra Institute for Contemporary Christianity (EICC) por cuatro años. También ha colaborado con artículos en *Coalición por el Evangelio* (TGC) y en la revista *Siglo XXI* de Editorial CLIR. Tiene una Maestría en Estudios Teológicos *summa cum laude* de Veritas International University (California, EE.UU.) y un Bachelors de Gestión de Recursos Humanos de York University (Toronto, Canada). Steven vive en Jordan Station, Canada, con su esposa Cindy y sus hijos Matthias, Timothy y Nehemías.

www.ingramcontent.com/pod-product-compliance
Lightning Source LLC
Chambersburg PA
CBHW071211120626
46546CB00006B/2515